LES FONTAINES
DE
MOURAILLE

PAR

L.-CH. CAILLAUX

> Ces quelques pages ne sont
> point une réclame, elles ne
> disent que la vérité.

NICE
TYP. V.-E. GAUTHIER ET Cⁱᵉ, DESCENTE DE LA CASERNE, 1

1872

LES FONTAINES
DE
MOURAILLE

PAR

L.-CH. CAILLAUX

*Ces quelques pages ne sont
point une réclame, elles ne
disent que la vérité.*

NICE
TYP. V.-E. GAUTHIER ET Cie, DESCENTE DE LA CASERNE, 1
1872

LES FONTAINES

DE

MOURAILLE

PAR

L.-CH. CAILLAUX

> Ces quelques pages ne sont point une réclame, elles ne disent que la vérité.

NICE
TYPOGRAPHIE V.-EUGÈNE GAUTHIER ET Cⁱᵉ
1, Descente de la Caserne, 1

1872

Nice. — Typographie V.-Eugène GAUTHIER et Cᵉ,
Descente de la Caserne, 1.

LES
FONTAINES DE MOURAILLE

PROJET

Les fontaines de Mouraille, si fréquentées par la colonie étrangère, sont assurément un des points les plus grâcieux des environs de Nice. Quand j'achetai, il y a dix-huit mois, la propriété de ce nom, je saisis d'un coup d'œil tout le parti qu'on pouvait tirer de cette situation, soit qu'on veuille se borner à faire de ce coin de terre une résidence particulière à proximité de la ville et dans des conditions hygiéniques excellentes, soit qu'on se décidât à fonder là un établissement public d'*hiver et d'été* et à demander à cette station, à la placidité de son atmosphère, à la limpidité de ses eaux, les seules de ce genre à mi-colline du bassin niçois, un succès qui ne se ferait pas attendre, si on y trouvait un confortable en rapport avec les exigences de notre temps.

Ce succès est *forcé*, car aucune autre partie du terroir ne présente, à 25 minutes de la ville et par une aussi belle route, les mêmes avantages comme pittoresque, comme abri parfait, comme hygiène et comme mansuétude de climat, *en toute saison*.

J'appuie sur ces mots *en toute saison*, et je m'explique.

L'hiver n'a pas de rigueurs à Mouraille, les gens de la localité qui connaissent le pays vous le diront, et la configuration du terrain l'indique suffisamment. La poussière et le vent, ces deux fléaux du littoral méditerranéen, y sont en quelque sorte inconnus. Quant aux eaux des fontaines, elles coulent sur un lit de roches, et le massif sur lequel elles circulent ne présente aucun des inconvénients inhérents aux terrains à surface plane et à fond de glaise qui concentrent l'humidité et l'entretiennent. La siccité est complète dans le massif de Mouraille ; c'est, sans doute, à cette siccité que je dois — chose singulière, mais vraie — le privilége de n'avoir ni batraciens, ni moustiques, c'est là un détail qui n'est pas à négliger ; la saine évaporation des fontaines ne contribue qu'à donner à l'air ambiant plus d'élasticité — précieux apanage dans un climat auquel on ne peut guère reprocher que sa sécheresse — et à tempérer les ardeurs de l'été qui y est plus agréable que partout ailleurs dans cette contrée.

A l'appui de mon dire, qu'on me permette de citer quelques-uns des auteurs qui ont parlé de Mouraille à une époque bien antérieure à celle de ma prise de possession. Ce n'est pas moi qui les fais parler ; et on ne pourra m'accuser de les avoir influencés.

Commençons par Burnel.
Voici ce qu'il écrit :

« Sur un autre point, c'est la fontaine de Mouraille où l'on n'arrive qu'après avoir traversé les paysages les plus ravissants, des chutes d'eau, de vieux murs couverts de lierre, des arbres magnifiques, des échappées sur la mer, sur la vallée, sur les montagnes. On vient souvent à Mouraille, en partie de plaisirs, et les Anglais surtout dont l'appétit solide aime à s'associer à la contemplation de la nature quelque chose de substantiel, y apportent à dos d'âne les éléments de ces *small dinners* qui ne nuisent point au repas principal et dont les estomacs britanniques semblent posséder le secret. M. le docteur Lefèvre a fondé à Mouraille un établissement hydrothérapique dont la merveilleuse qualité des eaux devrait faire une *maison de santé* modèle, quand la beauté des lieux n'y appellerait pas les malades à titre de lieu de plaisance. »

A l'époque où Burnel écrivait, la grande route actuelle n'existait pas.

Passons à M. Emile Négrin, il continue le concert de louanges dont Burnel a donné le signal. Il s'exprime ainsi, dans son livre, les *Promenades de Nice* :

« De l'église du Ray, aux fontaines de Mouraille, on compte 15 minutes. Cette route d'Aspremont à laquelle on travaille encore et qui permettra d'aller en voiture à Falicon et au pied du Mont Cau, est une des plus accidentées des environs de Nice. Elle a mis à la portée de tous les visiteurs cette admirable gorge de Mouraille où l'ombre est noire et qui semble être arrivée de Suisse sur le rapide dos d'une avalanche. La gorge de Saint-André est âpre et sauvage ; celle-ci est aussi fraiche que les oiseaux qui y chantent, que les cascades qui y murmurent. Quels beaux et grands chênes ! Quelle échancrure ravissante !

« On construit, en ce moment, un restaurant à Mouraille : je prédis une réussite complète. »

M. Négrin se trompait. En fait d'établissements de ce genre, on n'a encore rien construit à Mouraille.

Enfin, un *Guide*, publié en 1858, imprime ceci :

« Comme délicieux paysage, comme site pittoresque, comme frais séjour d'été, peu d'endroits égalent le vallon de Mouraille. Une jolie petite maison blanche semble suspendue comme un nid d'oiseaux dans le bouquet d'arbres, d'arbustes et de plantes grimpantes qui tapissent les aspérités du vallon ; les deux sources sont situées à quelques pas de la maison, leurs eaux abondantes, fraîches et limpides la bordent et tombent en cascades.... »

Je pourrais prolonger indéfiniment cette nomenclature et ce serait prolonger l'éloge ; car, dans tout ce qui a été écrit sur Nice, il est question des fontaines de Mouraille et c'est toujours dans le même sens qu'on en parle, ainsi que du site d'où elles émergent.

Je m'arrête cependant, en ayant déjà assez dit pour ceux qui connaissent ce site, et laissant à ceux qui ne le connaissent pas la faculté, si l'envie leur en prend de s'assurer *de visu* de ce qu'il peut y avoir d'exagéré ou de réel dans l'expression de l'éloge.

Et maintenant, à quel propos et dans quel but, ces frais de citations ? où voulez-vous en venir ? me demandera-t-on.

Je vais vous le dire.

J'ai la ferme conviction qu'on pourrait fonder à Mouraille un établissement exceptionnel et qui manque à Nice, un établissement qui présenterait tous les gages possibles de réussite parce qu'il n'y aurait pas de morte-saison, et voici comment je le comprendrais :

Il faudrait avoir là deux maisons — je ne dirai pas deux hôtels, attendu qu'on devrait commencer sur une échelle restreinte — il faudrait avoir deux maisons pouvant être agrandies, l'une à gauche en entrant, à mi-hauteur de cette colline circulaire qui forme contre le vent du nord un paravent infranchissable et que les gens du pays appellent le *Four*. Cette partie de la propriété est en pleine exposition méridionale, et ni le Nord, ni l'Est ne s'y font sentir. Il suffit de jeter un coup d'œil sur la position pour en être convaincu.

Ce serait là, la maison d'hiver ; la maison d'été devrait être posée au-dessus des sources dans une situation où règne, durant les chaleurs, une fraîcheur continue. Cette fraîcheur est plus agréable que celle de la montagne et plus propice aux santés délicates, parce qu'elle est moins variable ; et elle ne contient aucun principe irritant comme celle de la mer, tempérée qu'elle est par l'évaporation des eaux douces des sources. Le vent de mer, lorsqu'il arrive à Mouraille, y est tamisé par la verdure des arbres, et la température — je l'affirme — y est délicieuse dans cette partie de la propriété que j'indique pour y bâtir la maison d'été.

Quant à celle que j'occupe actuellement et qui se trouve à peu près au centre de la propriété, dans une position très-pittoresque, elle pourrait être convertie en un élégant restaurant, laiterie, café, *luncheon-house*, dans les étages supérieurs, en un établissement hydrothérapique et balnéaire à l'étage inférieur. Rien de plus facile que de l'aménager pour ce double usage et de faire là, sans grands frais, par des transformations bien entendues, au milieu d'un nid de verdure et en plein murmure d'eaux courantes, un *cottage* ravissant.

Il serait indispensable d'établir des routes faciles qui mèneraient sur les hauteurs ; — car, les hauteurs m'appartiennent des deux côtés du vallon sur une surface de plus de 20,000 mètres — et il y aurait lieu de tracer, des deux parts, en surface plane et sur une longueur très-suffisante, deux magnifiques promenoirs d'où l'on jouirait d'une vue fort étendue et aussi belle que possible sur la mer et les campagnes de Nice.

Le tout devrait être complété par des terrassements et des plantations bien comprises qui, dans la partie destinée au séjour d'été, donneraient facilement — jointes à ce qui existe — une ombre noire, selon l'expression de M. Négrin, et augmenteraient considérablement la fraîcheur, et dans la zône destinée à la saison d'hiver pourraient offrir tous les types de plantes tropicales qui prospèrent en ce pays, dans les situations privilégiées.

J'aborde un autre ordre d'idées.

Les eaux de Mouraille font tourner un moulin à farine — je ne parle que pour mémoire du moulin à huile qui est en désarroi et que je n'ai pas fait réorganiser — de l'aveu de gens compétents, ces mêmes eaux pourraient faire tourner deux moulins à farine et deux moulins à huile.

Il y a là une force perdue qu'il s'agirait

d'utiliser, mais autant que possible dans une industrie qui ne pourrait nuire à l'ensemble. Il serait aisé d'agrémenter les moulins de Mouraille de manière à ce que l'ensemble du paysage y gagnât ; rien ne s'y prêterait mieux que la gorge où sont situés ces moulins, avec ses grottes, ses stalactites et ses verdures.

Mais peut-être serait-il bon de supprimer le moulinage des olives à moins d'en conduire les eaux à distance au moyen de tuyaux, et de le remplacer par deux moulins à farine, ou par un seul avec turbine qui doublerait le rendement actuel.

Sur un jaujage fait par mon fils, mon ami M. Just, ingénieur à Villecroze, près Draguignan, calcule qu'on obtiendrait avec une seule turbine dont il croit l'organisation possible, un rendement en moulinage d'environ 23 ou 24 charges par 24 heures, — question à examiner.

En somme, je le répète, il y a là une force perdue qui, bien dirigée et utilisée, serait une garantie de plus de l'emploi productif des fonds dépensés sur la propriété. Je le répète : c'est là une question à examiner.

Les eaux de Mouraille sont des eaux en quelque sorte historiques. Depuis un temps immémorial elles servent à arroser les campagnes sous-jacentes, et une association de propriétaires a le droit de les prendre, *à la sortie de mes moulins,* pour cet usage : elles ne peuvent être ni vendues, ni déviées, ni altérées par un emploi qui pourrait nuire à leur destination. Ces restrictions me laissent, néanmoins, comme usager toute la marge possible et toute liberté comme propriétaire du fond. Je ne suis tenu qu'à une chose : laisser couler l'eau — ce à quoi je n'ai pas l'intention de m'opposer.

Que d'inondations pourraient être évitées peut-être, si on mettait un peu plus de bonne volonté à laisser couler l'eau ! !

La vallée que domine la petite maison que j'occupe est orientée de telle sorte qu'au solstice d'hiver, dans les jours les plus courts c'est-à-dire au 21 décembre, j'y ai le soleil depuis 8 heures 20 du matin jusqu'à 4 heures du soir — j'y ai autant de soleil que sur le quai Masséna. — Cette maison est basse ; on peut juger par là de la durée des heures tempérées à mi-colline ou sur les hauteurs. Autre avantage: à mesure que la saison avance et que les chaleurs croissent en intensité, le soleil, en raison sans doute de la disposition de la colline qui me borne à l'est, paraît plus tard, de telle sorte qu'au cœur de l'été je ne l'ai que vers 10 heures.

Ne craignez-vous pas, me dira-t-on, que la distance qui vous sépare de la ville ne soit un obstacle au succès de votre projet?

Je réponds que cette distance est minime, en somme — un peu plus de trois kilomètres, je suppose — que la route est magnifique et qu'avec de bons chevaux, des trotteurs de haute race comme devrait en avoir un établissement dans le genre de celui que j'ai en vue, cette distance n'existe réellement pas ; on devrait la franchir en 20 minutes au plus On pourrait jouir avec facilité, à toute heure de la journée et de la soirée, de toutes les distractions de Nice, tout en venant se retremper et vivre dans le calme et dans la nature. C'est une question de véhicule : question facile à résoudre.

Je me résume :

J'ai la ferme conviction qu'on peut fonder à Mouraille une station d'hiver et d'été qui réussirait, parce que les températures s'y prêtent admirablement, parce que la position y est de premier ordre, que les abords sont beaux, qu'il n'y a que là où l'on trouve, aussi près de Nice, des eaux courantes inépuisables et des verdures qui peuvent s'y développer exceptionnellement, parce qu'enfin, de l'aveu des médecins qui connaissent cette localité et qui n'ont pas de parti pris de dénigrement, de l'aveu des visiteurs dont les exclamations spontanées contribuent à affermir ma conviction, de l'aveu de tous ceux qui voient les choses sous leur véritable aspect, il y a là, de toutes façons, au point de vue du lieu, de l'air et des eaux, et dans un pays qui, comme Nice, vit de son doux climat et des munificences de l'étranger, une mine à exploiter.

En l'exploitant dans des conditions honnêtes et raisonnables, je suis persuadé que la réussite serait immanquable et que les pensionnaires qui auraient passé l'été sous les ombrages de Mouraille auraient toutes les propensions possibles à y rester en hiver — et réciproquement. — Cette station ne laisse rien à désirer, et on pourrait en faire une oasis. Plusieurs familles — et des familles niçoises connaissant le pays — m'ont déjà demandé cette année si j'avais des appartements à leur louer pour l'été. J'ai dû décliner leur offre, n'ayant que ce qui m'est nécessaire.

Nous vous avons entendu, me dira-t-on, et ce que vous énoncez ne nous semble pas dénué de raison. Eh bien ! Comment prétendez-vous procéder ? Faites-vous donc appel au crédit ?

Pas positivement — je me contente, comme préliminaires, de soumettre à la publicité un projet qui me paraît réalisable : le reste viendra de soi — s'il y a lieu.

Si j'avais à poser des chiffres, je dirais ceci :

Il faut fonder là une société au capital de.... — mettons 200,000 francs, — que cette entreprise se fasse par un ou plusieurs capitalistes, peu importe ! le mécanisme le plus sûr et le meilleur est à discuter. De ces 200,000 francs il ne serait nullement nécessaire de faire immédiatement complet emploi. On pourrait commencer avec modération, et en laissant, de la somme souscrite, une partie en réserve. Au moyen d'une dépense relativement modique en aménagements, embellissements et constructions, mon avis est : qu'on arriverait de suite à donner à cette propriété une valeur bien supérieure à cent mille francs. — Je ne parle pas de la valeur fantaisiste qui n'a de limites que celles que le caprice lui assigne.

Le crédit foncier ferait le reste, si on ne voulait pas dépasser le premier apport, et si on se décidait à avoir recours à lui.

Mais pourquoi ne faites-vous pas tout cela, vous-même, m'objectera-t-on ?

A cela je réponds :

Si j'avais 25,000 livres de rente et 25 ans, j'aménagerais cette propriété *exclusivement pour moi* et ne m'en déferais à *aucun prix*. A défaut de l'activité de la jeunesse, et en cas d'un établissement public, je préfère m'appuyer sur d'autres que sur moi-même : c'est le moyen d'être plus sûr du succès — l'union fait la force.

La propriété est libre et quitte de toutes dettes et hypothèques.

Un dernier mot :

A côté des facilités et des élégances de

la vie matérielle, un établissement comme celui dont je voudrais voir poser les bases doit pouvoir offrir à ses hôtes les satisfactions de l'esprit. Des livres de choix, des revues, des journaux, devraient en étayer les ressources et offrir une distraction salubre qui alternerait avec le non moins salubre passe temps des jeux en usage en Angleterre et ailleurs, criket, gymnastique, salle de billard, salle d'armes, etc.

Pourquoi n'aurait-on pas là, comme dans certains hôtels américains, une presse et un journal? J'ai mon titre et mon plan et je me réserve, s'il y a lieu, d'exposer l'un et l'autre en temps opportun.

En tout cas, rien ne m'empêche de dire qu'il ne s'agirait pas d'un journal destiné à paraître tous les jours et à augmenter le nombre des feuilles qui se sont vouées à la politiques arsenicale et à la discussion au vitriol. Une feuille qui, en commençant, paraîtrait tous les quinze jours, suffirait. Elle devrait s'efforcer d'être un résumé des grands courants d'opinion qui peuvent se manifester de notre temps, et de se tenir toujours à la hauteur des idées qui chez toutes les nations, ont un côté neuf, généreux, intéressant, et instructif.

Le personnel qui viendrait séjourner ou se fixer à Mouraille ne serait certainement pas le personnel des maisons de jeu et des pièces d'Offenbach. On chercherait, à Mouraille, l'existence calme, près d'une grande ville, de beaux ombrages, de belles eaux, la placidité de l'atmosphère et les aisances d'une vie habituellement tranquille avec facilité d'en varier les allures par le contraste de la proximité de Nice et de ses plaisirs.

On comprend que, pour un pareil personnel, un dégagement d'idées sérieuses n'aurait rien de répulsif, au contraire.

Si j'allais au fond de ma pensée, je voudrais qu'il se constituât, sous forme laïque, un établissement aussi religieusement hospitalier et aussi modéré que possible dans ses prix, doté néanmoins de toutes les facilités de l'existence mises à la portée de toutes les distinctions et de toutes les aspirations de la société élégante, mais sérieuse.

. . . .

On peut transformer ce coin de terre et y établir un ravissant séjour — tout s'y prête — et la population avoisinante pour laquelle cette transformation serait un bienfait, s'y prêterait plus que toute autre.

Qui empêcherait d'avoir là un ou plusieurs kiosques où, de temps en temps, on réunirait les musiques et les orphéons niçois.

La haute société serait convoquée à ces harmonies de l'art et de la nature, auxquelles Mouraille trouverait des avantages... et elle y viendrait, si Mouraille était transformé dans des conditions qui en feraient ce qu'il pourrait être—le rendez-vous de la bonne compagnie heureuse de quitter momentanément la ville pour passer quelques heures dans la verdure, écouter la chanson des sources, et s'imprégner d'air salubre.

Les soirées d'été sont splendides sur les collines de cette région.

Les inspirations des grands maîtres et les murmures des eaux les rendraient plus splendides encore.

Quel charme n'auraient-elles pas pour ceux qui, aux accords de mélodieuses symphonies, n'auraient qu'à lever les yeux pour contempler au dessus de leurs têtes l'azur profond des nuits du midi, nuits lumineuses, nuits étoilées...

Tel est mon projet.

S'il n'aboutit pas, amis lecteurs, admettons que c'est un rêve...

. . . . . , ...

Ce rêve se réalisera — je n'en doute pas — si ce n'est pas mon initiative; ce sera par ceux qui viendront après moi; mais sous quelle forme ?

. . . .

Dans un article inséré au *Journal de Nice* le 27 octobre 1868 et intitulé *Promenade a Cimiès*, j'écrivais ce qui suit à propos des ordres monastiques ; — nous voici loin de notre sujet.

« Ils conservent encore, dans leurs rares couvents, ce signe distinctif particulier à tous les ordres religieux du moyen-âge : la sagacité dans le choix d'une résidence. On leur a fait souvent un reproche, presque un crime de cette sagacité. Il n'y a point, pour eux, de perspectives assez grandioses, de lointains assez vaporeux, d'horizons assez infinis... eaux limpides, ombrages et feuillées semblent, de droit, leur appartenir.

Pourquoi s'étonner d'un fait aussi simple?

L'âme de ces hommes allait à la nature,

comme l'eau du fleuve à l'Océan. Les couvents des premiers défricheurs posés, par l'effet de cette simple loi d'attraction, dans des situations presque toujours bien choisies pour entretenir dans les cœurs le degré d'élévation dont ils ont besoin, sont restés ce qu'ils étaient : des postes avancés vers l'idéal — des observatoires ouverts sur le ciel. »

On le voit, « nous sommes loin de notre sujet » et c'est abuser un peu de la complaisance du lecteur que de le faire passer ainsi du temporel au spirituel... Non, lecteur, nous ne sommes pas si loin de notre sujet que vous pourriez le croire — et j'y reviens ou du moins je m'en rapproche.

Ce qui me surprend c'est qu'on n'ait pas fondé depuis longtemps à Mouraille quelqu'établissement conventuel. Cela ne s'explique que par l'absence de routes qui, jusqu'à ces dernières années, faisaient presque complétement défaut.

Certes, aucun coin de terre ne se serait mieux prêté à un établissement de ce genre que ce charmant *retiro* au milieu de cette suisse niçoise.

Le climat de Nice a deux zônes, celle de la mer et celle des collines. Je ne discuterai pas le fort ou le faible de ces deux zones — je dirai seulement qu'il n'est point dans la campagne de Nice de collines plus vertes, plus plantureuses et plus abritées que celles qui nous environnent.

La route de Gairaut les a mises à portée de la ville et en a rendu l'accès facile. Rien de plus aisé que de vérifier notre dire.

Lorsqu'à ces avantages et à tous ceux précédemment relatés et qui sont vrais on peut ajouter l'inappréciable privilége de voir couler chez soi les seules eaux véritablement limpides que Nice possède à mi-colline, on est en droit d'avoir la conviction qu'il n'y a rien de déplacé dans un projet qui, bien que d'intérêt privé, concorde néanmoins, dans son humble sphère, avec l'intérêt de Nice et peut, à ce titre, avoir sa raison d'être.

L. Ch Caillaux.

Fontaines de Mouraille.

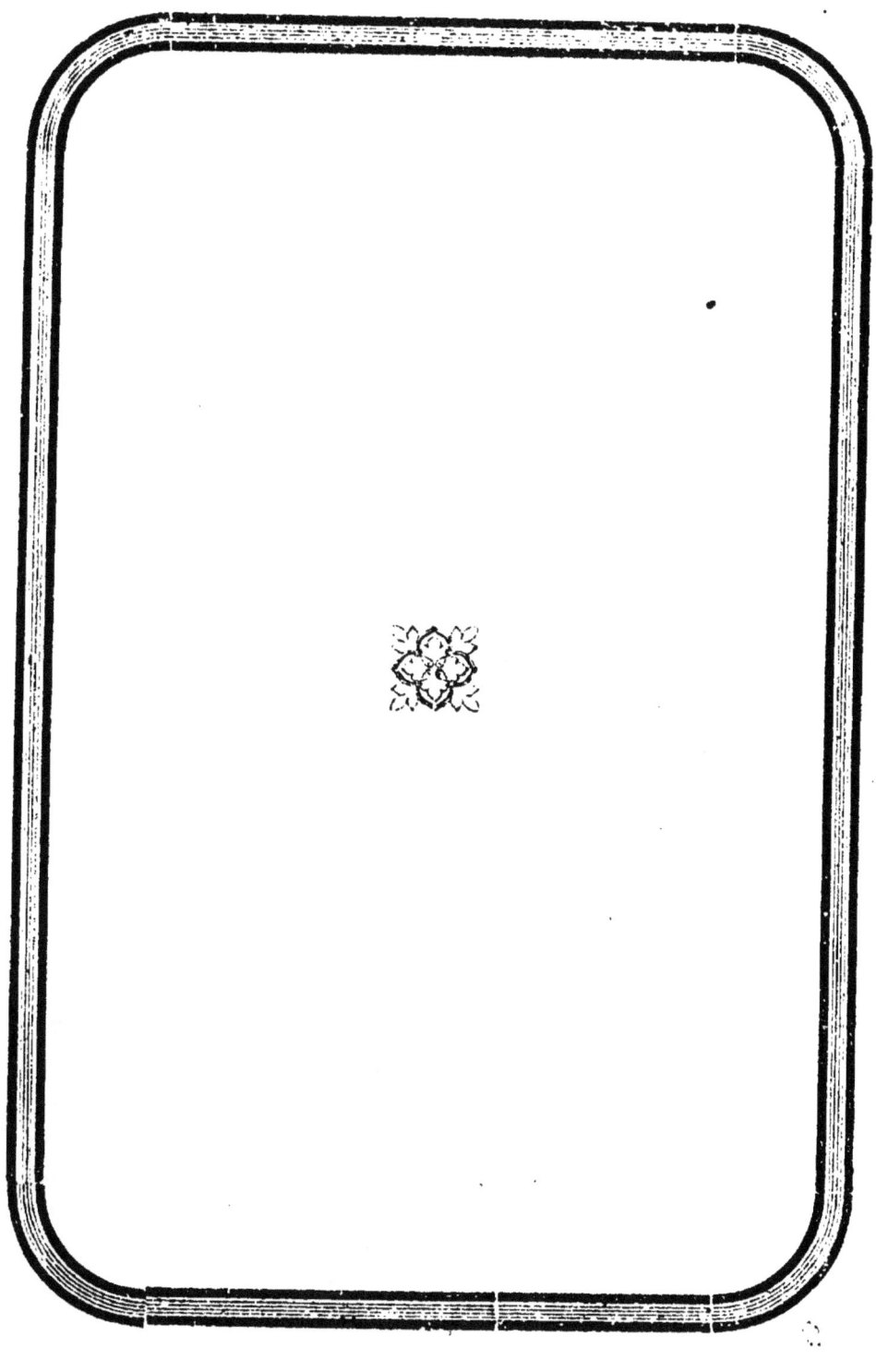

www.ingramcontent.com/pod-product-compliance
Lightning Source LLC
Chambersburg PA
CBHW070544080426
42453CB00029B/1935